Impressum
Verlag: BABADADA GmbH, Nedderfeld 112 , 22529 Hamburg
Geschäftsführer / Verlagsleitung: Harald Hof
Druck: Books on Demand GmbH, In de Tarpen 42, 22848 Norderstedt

Imprint
Publisher: BABADADA GmbH, Nedderfeld 112 , 22529 Hamburg, Germany
Managing Director / Publishing direction: Harald Hof
Print: Books on Demand GmbH, In de Tarpen 42, 22848 Norderstedt

el colegio

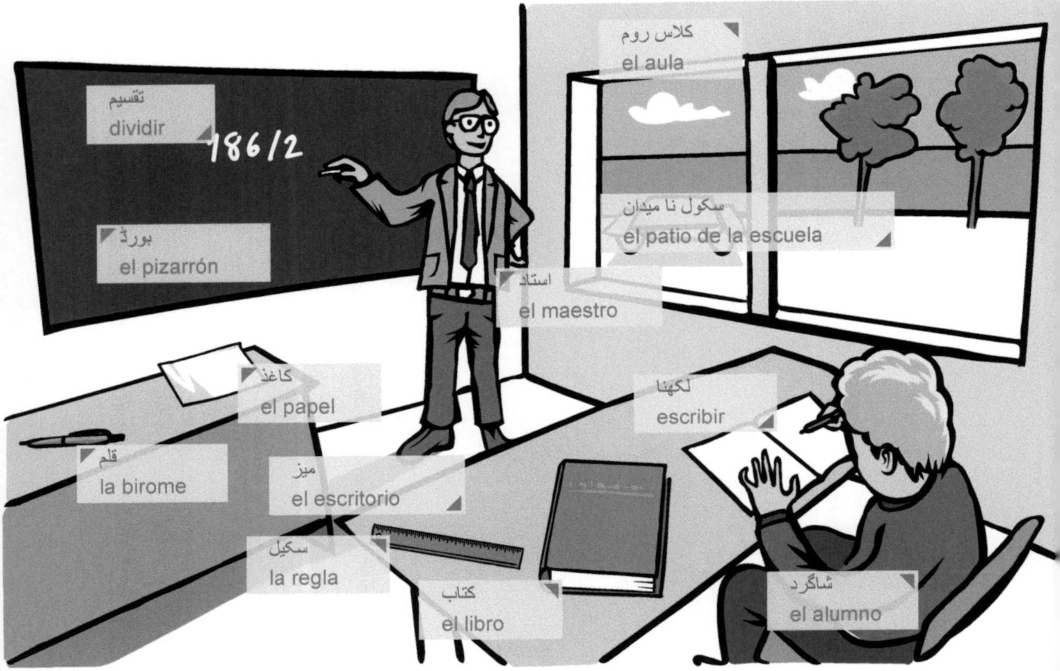
کلاس روم
el aula
تقسیم
dividir
186/2
بورڈ
el pizarrón
سکول نا میدان
el patio de la escuela
استاد
el maestro
کاغذ
el papel
لکھنا
escribir
قلم
la birome
میز
el escritorio
سکیل
la regla
کتاب
el libro
شاگرد
el alumno

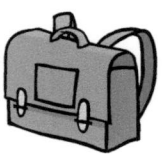

جزدان
la mochila

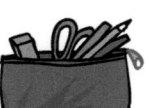

پینسل دا ڈبہ
la caja de lápices

پینسل
el lápiz

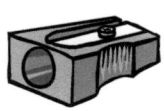

پینسل شارپنر
el sacapuntas

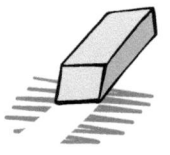

ربر
la goma (de borrar)

ڈرائنگ پیڈ
el bloc de dibujo

ڈراننگ

el dibujo

پینٹ برش

el pincel

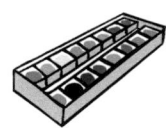

پینٹ باکس

la caja de pinturas

قینچی

la tijera

گلو

el pegamento

مشقی کتاب

el cuaderno de ejercicios

گھر دا کم

la tarea

عدد

el número

جمع

sumar

تفریق

restar

ضرب

multiplicar

کیلکولیٹ

calcular

خطره

la letra

حروف تہجی

el abecedario

لفظ

la palabra

متن

el texto

پڑھنا

leer

چاک

la tiza

سبق

la lección

رجسٹر

el cuaderno de clase

امتحان

el examen

سند

el certificado

سکول نی وردی

el uniforme escolar

تعلیم

la educación

انسائیکلوپیڈیا

la enciclopedia

یونیورسٹی

la universidad

مائیکرو سکوپ

el microscopio

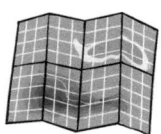

نقشہ

el mapa

کچرے نا ڈبہ

el tacho (de basura)

سفر

el viaje

ہوٹل
el hotel
Grand
باسٹل
el hostel
ROOMS
CHANGE
ایکسچینج دفتر
la casa de cambio
سوٹ کیس
la valija
کار
el auto

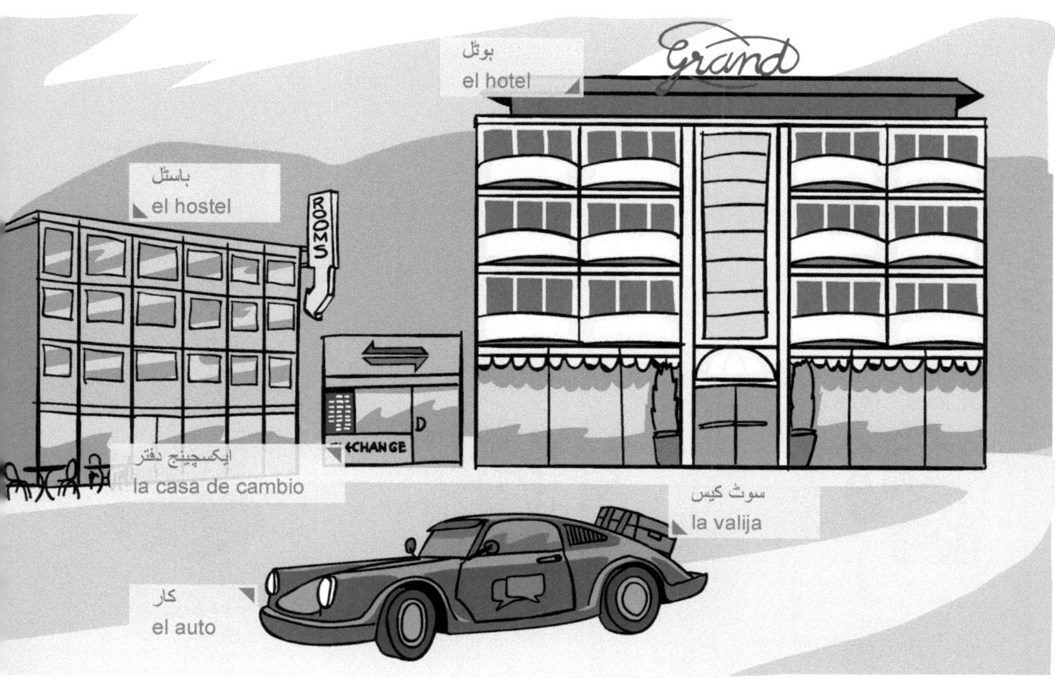

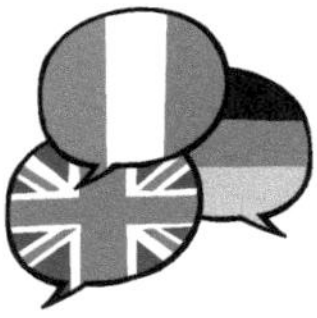

بولی

el idioma

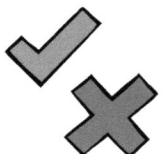

ہاں /نئیں

sí / no

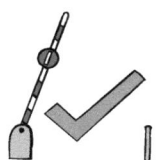

ٹھیک ہے

Está bien

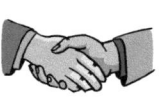

اسلام و علیکم

hola

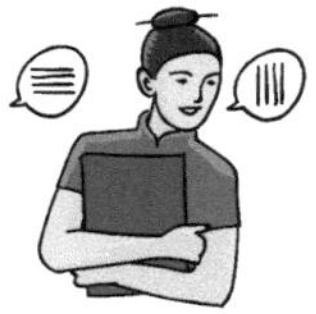

ترجمان

el traductor

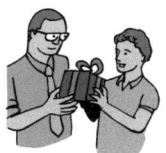

شکریہ

Gracias

ایہ کنے نے ؟

¿cuánto cuesta…?

می سمجھ نئیں رلی

No entiendo

مسئلہ

el problema

اسلام و علیکم

¡Buenas tardes!

اسلام و علیکم

¡Buenos días!

اللہ حافظ

¡Buenas noches!

اللہ نے حوالے

el adiós

سمت

la dirección

سامان

el equipaje

بیگ

el bolso

بیک پیک

la mochila

مہمان

el invitado

کمرہ

la habitación

سلیپنگ بیگ

la bolsa de dormir

خیمہ

la carpa

سياح لئی معلومات

la información turística

ساحل سمندر

la playa

کریڈٹ کارڈ

la tarjeta de crédito

ناشتہ

el desayuno

دوپہر نا کھانا

el almuerzo

رات نا کھانا

la cena

ٹکٹ

el pasaje

لفٹ

el ascensor

مہر

el sello

بارڈر

la frontera

کسٹمز

la aduana

ایمبیسی

la embajada

ویزا

la visa

پاسپورٹ

el pasaporte

ٹرانسپورٹ

el transporte

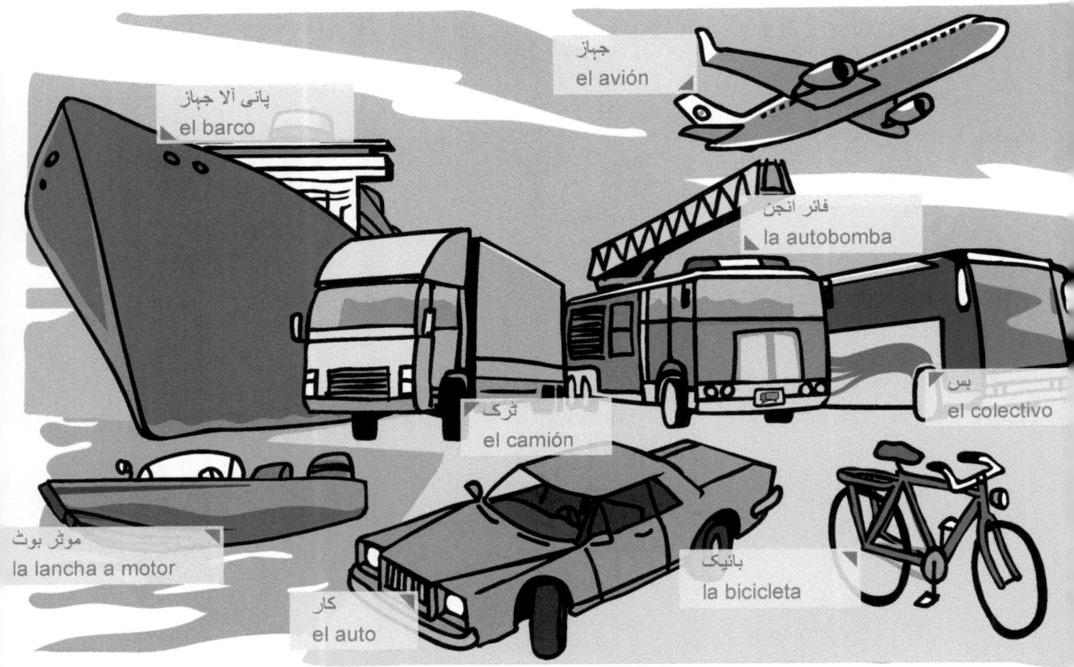

جہاز
el avión
پانی آلا جہاز
el barco
فائر انجن
la autobomba
بس
el colectivo
ٹرک
el camión
موٹر بوٹ
la lancha a motor
بائیک
la bicicleta
کار
el auto

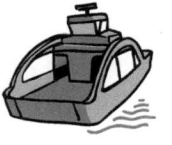

فیری

el ferry

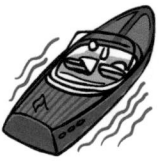

کشتی

el bote

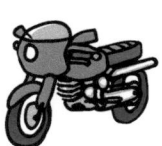

موٹر بائیک

la moto

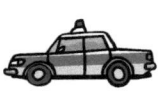

پولیس کار

el patrullero

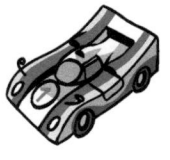

ریسنگ کار

el auto de carreras

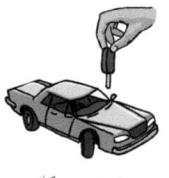

کرایہ نی گڈّ

el auto de alquiler

کار شنرنگ

el alquiler de autos

بریک ڈاؤن ٹرک

la grúa

ریفیوز ٹرک

el camión de la basura

موٹر

el motor

فیول

la nafta

پیٹرول سٹیشن

la estación de servicio

ٹریفک سائن

la señal de tránsito

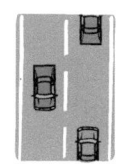

ٹریفک

el tránsito

ٹریفک جام

el embotellamiento

کار پارک

el estacionamiento

ریل سٹیشن

la estación de tren

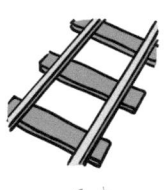

ٹریکس

las vías

ریل

el tren

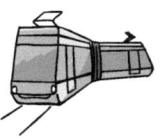

ٹرام

el tranvía

کیرج

el vagón

بیلی کاپٹر

el helicóptero

ائر پورٹ

el aeropuerto

مینار

la torre

مسافر

el pasajero

کنٹینر

el contenedor

کاٹن

la caja de cartón

چھکڑا

la carretilla

بالٹی

la canasta

اڑنا / لہنا

despegar / aterrizar

شہر

la ciudad

پنڈ

el pueblo

سٹی سینٹر

el centro de la ciudad

کھار

la casa

سینما
el cine

مشهوری
la publicidad

سٹریٹ لیمپ
el farol

گلی
la calle

ٹیکسی
el taxi

سنیک شاپ
el kiosco

پیدل چلن آلے
el peatón

سلیب
la vereda

زیبرا کراسنگ
el paso peatonal

ontenedor de basura

کراسنگ
el cruce

ٹریفک لائٹس
el semáforo

بٹ
la cabaña

فلیٹ
el departamento

ریل سٹیشن
la estación de tren

ٹاؤن ہال
la municipalidad

میوزنیم
el museo

سکول
el colegio

یونیورسٹی

la universidad

بنک

el banco

ہسپتال

el hospital

ہوٹل

el hotel

فارمیسی

la farmacia

دفتر

la oficina

کتب خانہ

la librería

ہٹی

el negocio

پھلاں الے

la florería

سپر مارکیٹ

el supermercado

بازار

el mercado

ڈیپارٹمنٹ سٹور

las grandes tiendas

مچھیرے

la pescadería

شاپنگ سینٹر

el centro comercial

بندرگاہ

el puerto

پارک

el parque

بنچ

el banco

پل

el puente

سیڑھیاں

las escaleras

انڈر گراؤنڈ

el subte

ٹنل

el túnel

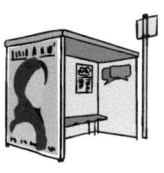

بس سٹاپ

la parada del colectivo

بار

el bar

ریسٹورنٹ

el restaurante

پوسٹ بکس

el buzón

سٹریٹ سائن

el letrero

پارکنگ میٹر

el parquímetro

چڑیا کھار

el zoológico

سونمنگ پول

la pileta

مسجد

la mezquita

فارم

la granja

آلودگی

la contaminación

قبرستان

el cementerio

چرچ

la iglesia

پلے گراؤنڈ

los juegos infantiles

مندر

el templo

منظر

el paisaje

پتہ
la hoja

سائن پوسٹ
el poste indicador

راہ
el camino

سر سبز میدان
la pradera

پتھر
la piedra

درخت
el árbol

یاتری
el excursionista

دریا
el río

کاہ
la hierba

پھل
la flor

وادی
el valle

پہاڑی
la montaña

نہر
el lago

جنگل
el bosque

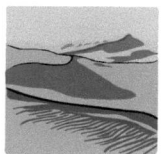

صحرا
el desierto

آتش فشاں
el volcán

قلعہ
el castillo

رین بو
el arco iris

کھمبی
el champiñón

پام ٹری
la palmera

مچھر
el mosquito

مکھی
la mosca

چیونٹا
la hormiga

مکھی
la abeja

مکڑی
la araña

بهونرا

el escarabajo

مينډک

la rana

گلهرۍ

la ardilla

سيېہ

el erizo

ساهيا

la liebre

الو

la lechuza

پرنده

el pájaro

راج هنس

el cisne

نر سور

el jabalí

هرن

el ciervo

باره سنگا

el alce

ډيم

la presa

ونډ ټربائن

el aerogenerador

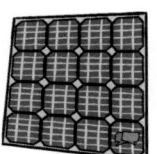

شمسی توانائی دا پينل

el panel solar

آب و هوا

el clima

ریسٹورنٹ

el restaurante

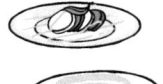

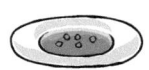

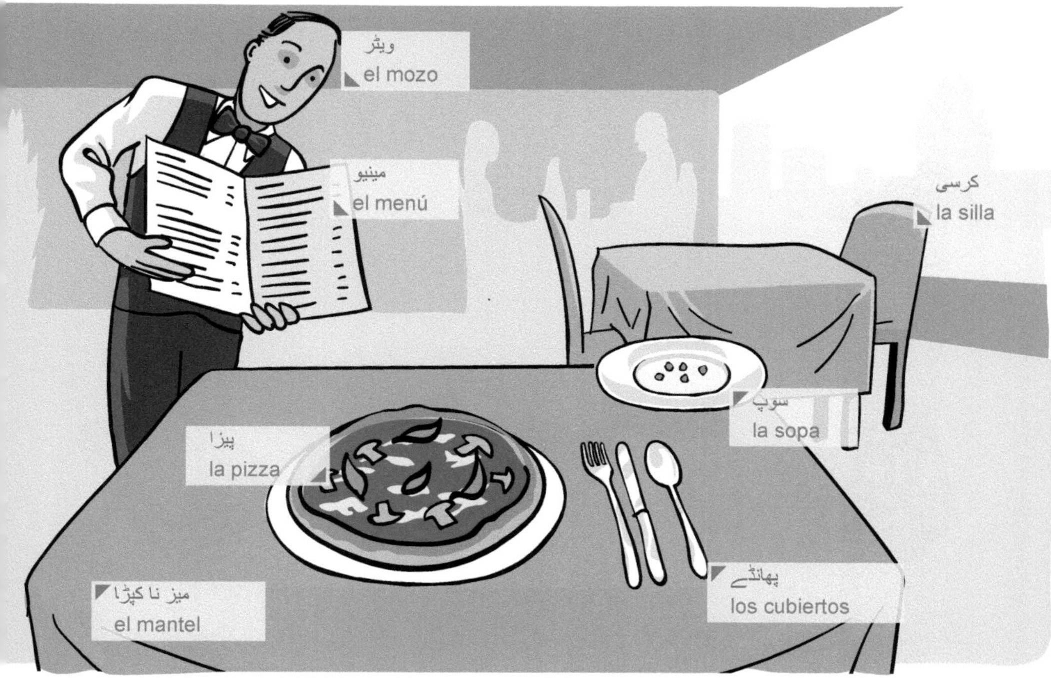
ویٹر
el mozo
مینیو
el menú
کرسی
la silla
سوپ
la sopa
پیزا
la pizza
پھانڈے
los cubiertos
میز نا کپڑا
el mantel

سٹارٹر

la entrada

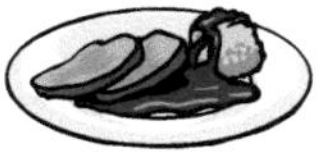

مین کورس

el plato principal

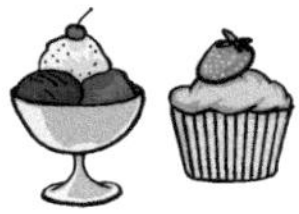

ڈیزرٹ

el postre

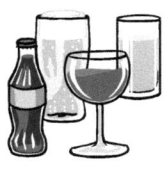

مشروب

las bebidas

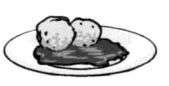

کھانا

la comida

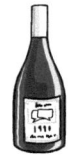

بوتل

la botella

فاسٹ فوڈ

la comida rápida

سٹریٹ فوڈ

la comida callejera

شوگر بول

la azucarera

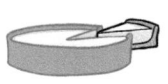

پورشن

la porción

اسپریسو مشین

la cafetera expreso

ہائی چئیر

la sillita alta

بل

la cuenta

ٹرے

la bandeja

چھری

el cuchillo

کانٹا

el tenedor

چمچ

la cuchara

ٹی سپون

la cucharita

تولیہ

la servilleta

گلاس

el vaso

ٹی پاٹ

la tetera

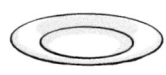

پلیٹ

el plato

پلیٹ سوپ

el plato hondo

ساسر

el plato

چٹنی

la salsa

نمک دانی

el salero

مل پیپر

el molinillo de pimienta

سرکہ

el vinagre

تیل

el aceite

مصالحہ

las especias

کیچپ

el kétchup

سرپبیئوں

la mostaza

مینیز

la mayonesa

سپر مارکیٹ

el supermercado

سپیشل آفر
la oferta especial
گاہک
el cliente
ڈیری
los lácteos
بھل
la fruta
ٹرالی
el changuito
FOR

BUTCHERS

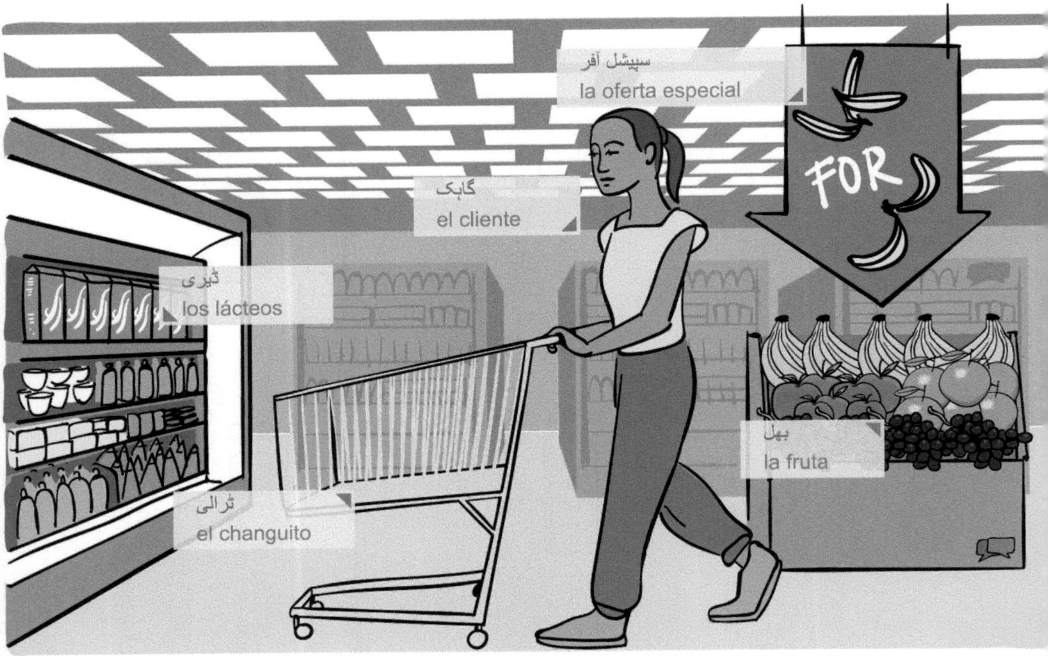

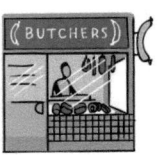

قصائی

la carnicería

BAKERY

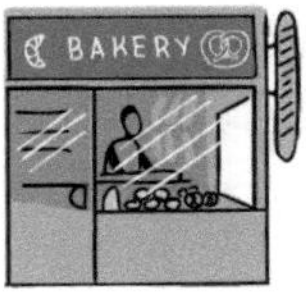

بیکرز

la panadería

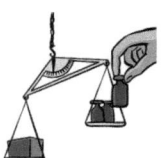

وزن

pesar

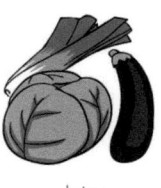

سبزیاں

las verduras

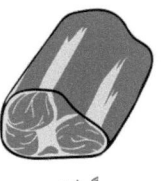

گوشت

la carne

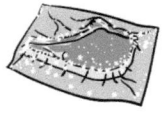

فروزن فوڈ

los alimentos congelados

کولڈ گوشت

los fiambres

ٹن فوڈ

los alimentos enlatados

واشنگ پوڈر

el detergente en polvo

مٹھائی

las golosinas

کھار دیاں چیزاں

los electrodomésticos

صفائی آلی چیزاں

los productos de limpieza

سیل مین

la vendedora

ٹِل

la caja

کیشنیر

el cajero

شاپنگ لسٹ

la lista de compras

کھلن دا ویلا

el horario de atención

پرس

la billetera

کریڈٹ کارڈ

la tarjeta de crédito

بیگ

la cartera

پلاسٹک بیگ

la bolsa de plástico

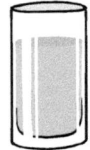

پانی

el agua

جوس

el jugo

ددھ

la leche

کوک

la bebida cola

شراب

el vino

شراب

la cerveza

شراب

el alcohol

کوکا

el cacao

چا

el té

کافی

el café

اسپریسو

el café expreso

کیپچینو

el cappuccino

la comida

کیلا

la banana

سیب

la manzana

موسمبی

la naranja

تربوز

el melón

نیمبو

el limón

گاجر

la zanahoria

لہسن

el ajo

بانس

el bambú

پیاز

la cebolla

کھمبی

el champiñón

میوے

las nueces

نوڈلز

los fideos

سپیگیٹی

los tallarines

چاول

el arroz

سلاد

la ensalada

چپس

las papas fritas

تلے ہوئے آلو

las papas fritas

پیزا

la pizza

بیم برگر

la hamburguesa

سینڈوچ

el sándwich

تکے

el churrasco

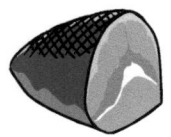

بیم

el jamón

سلامی

el salame

ساسج

la salchicha

مرغی

el pollo

بھنیا ہویا

el asado

مچھی

el pescado

جو نا دلیہ

los copos de avena

مولی

el muesli

کارن فلیکس

los copos de maíz

آٹا

la harina

کرائسنٹ

la medialuna

بریڈ رول

el pancito

روٹی

el pan

ٹوسٹ

la tostada

بسکٹ

las galletitas

مکھن

la manteca

دہی

la cuajada

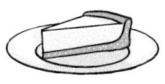

کیک

la torta

انڈا

el huevo

تلیا انڈا

el huevo frito

پنیر

el queso

آئس کریم

el helado

چینی

el azúcar

شہد

la miel

جام

la mermelada

چاکلیٹ سپریڈ

la pasta de chocolate

سالن

el curry

فارم
la granja

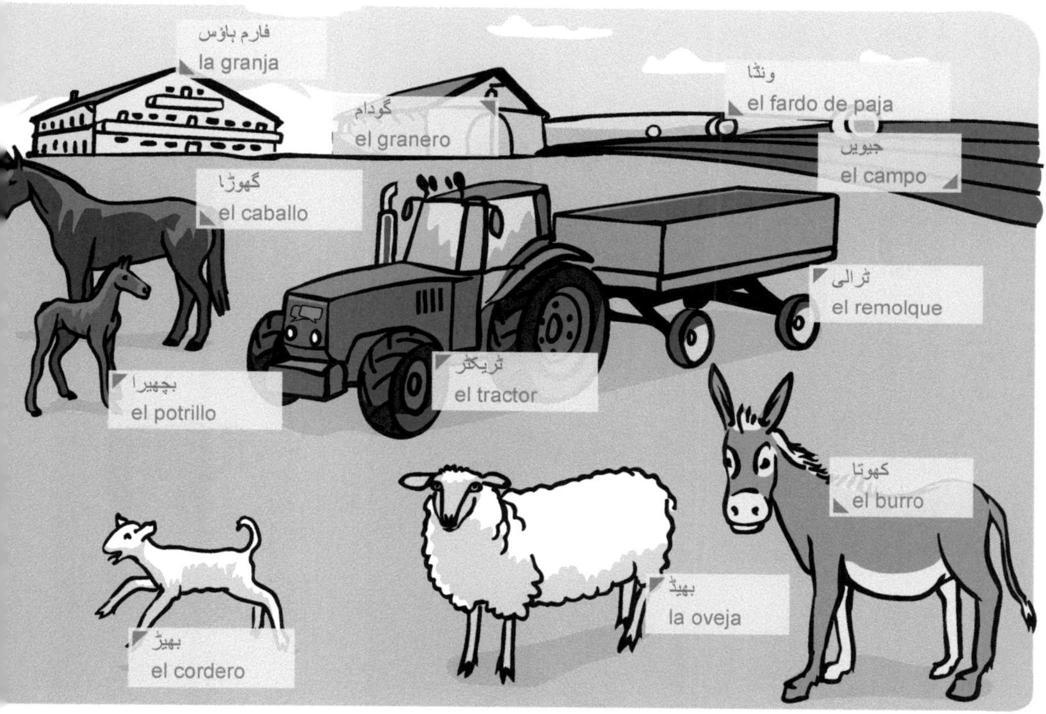

فارم ہاؤس
la granja
ونڈا
el fardo de paja
گودام
el granero
جیویں
el campo
گھوڑا
el caballo
ٹرالی
el remolque
بچھیرا
el potrillo
ٹریکٹر
el tractor
کھوتا
el burro
بھیڈ
la oveja
بھیڑ
el cordero

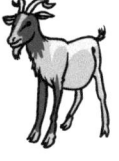

بکری
la cabra

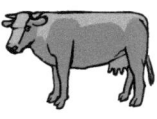

گاں
la vaca

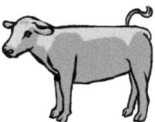

بچھڑا
el ternero

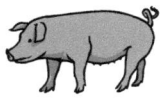

سور
el cerdo

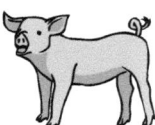

پگ لیٹ
el lechón

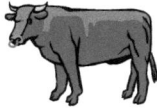

بیل
el toro

بطخ

el ganso

بطخ

el pato

چوزه

el pollo

مرغی

la gallina

مرغا

el gallo

چوہا

la rata

بلی

el gato

چوہا

el ratón

بیل

el buey

کتا

el perro

کتے نا کھار

la cucha

لان نا پائپ

la manguera

پانی نا ڈبی

la regadera

درانتی

la guadaña

بل

el arado

درانتی

la hoz

ہو

la azada

ترنگل

la horquilla

کوہاڑی

el hacha

ریڑھی

la carretilla

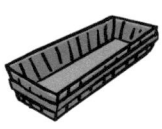

ڈونگا

el abrevadero

دودھ نا ڈبہ

la lechera

بورا

la bolsa

باڑ

la reja

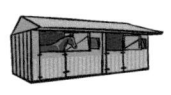

اصطبل

el establo

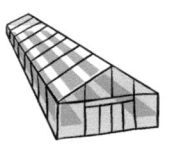

گرین ہاؤس

el invernadero

مٹی

el suelo

بیج

la semilla

کھاد

el fertilizador

کمبائن ہارویسٹر

la cosechadora

فصل
....
cosechar

فصل
....
la cosecha

يامز
....
las batatas

كنك
....
el trigo

سويا
....
la soja

آلو
....
la papa

مكئی
....
el maíz

تلی
....
la semilla de colza

پهلدار درخت
....
el árbol frutal

كاساوا
....
la mandioca

اناج
....
los cereales

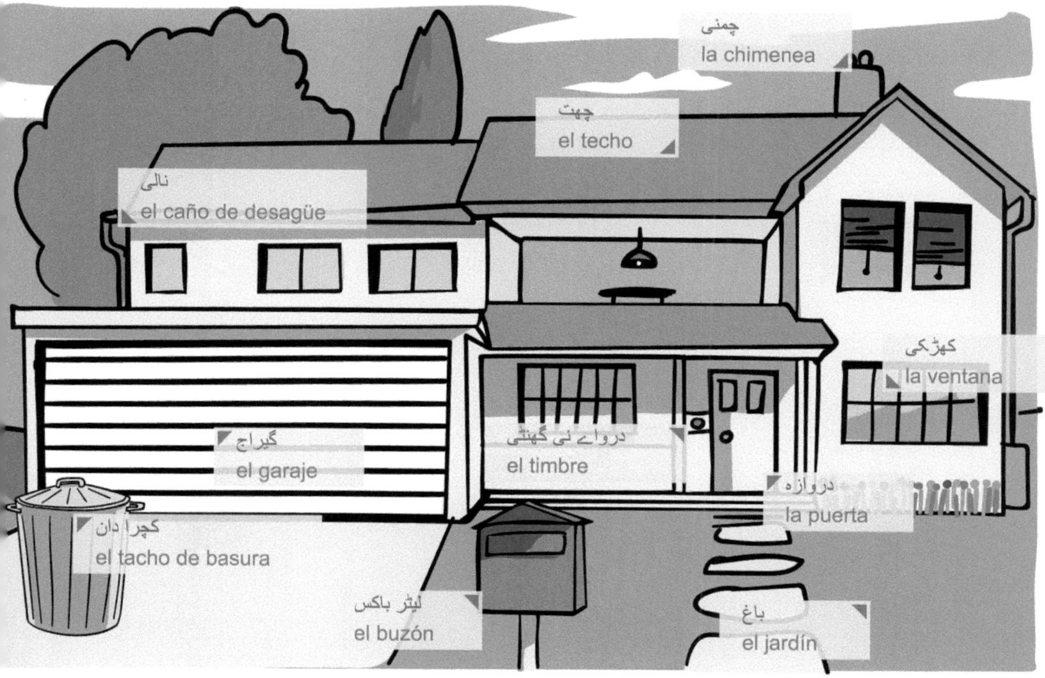

چمنی
la chimenea

چھت
el techo

نالی
el caño de desagüe

کھڑکی
la ventana

گیراج
el garaje

دروازے کی گھنٹی
el timbre

دروازہ
la puerta

کچرا دان
el tacho de basura

لیٹر باکس
el buzón

باغ
el jardín

لونگ روم
el living

باتھ روم
el baño

باورچہ خانہ
la cocina

بیڈروم
el dormitorio

بچیاں نا کمرہ
el cuarto de los chicos

ڈائننگ روم
el comedor

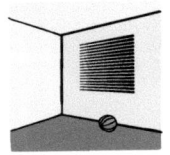

فرش
....
el piso

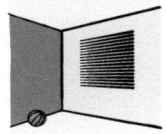

ديوار
....
la pared

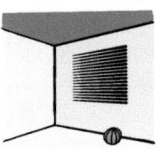

چھت
....
el cielorraso

تہہ خانہ
....
el sótano

سوانا
....
el sauna

بالکنی
....
el balcón

ٹیرس
....
la terraza

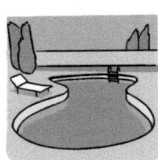

پول
....
la pileta

لان موور
....
la cortadora de pasto

شیٹ
....
la sábana

بیڈ سپریڈ
....
el acolchado

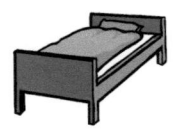

بیڈ
....
la cama

جھاڑو
....
la escoba

بالٹی
....
el balde

سونچ
....
el interruptor

لونگ روم
el living

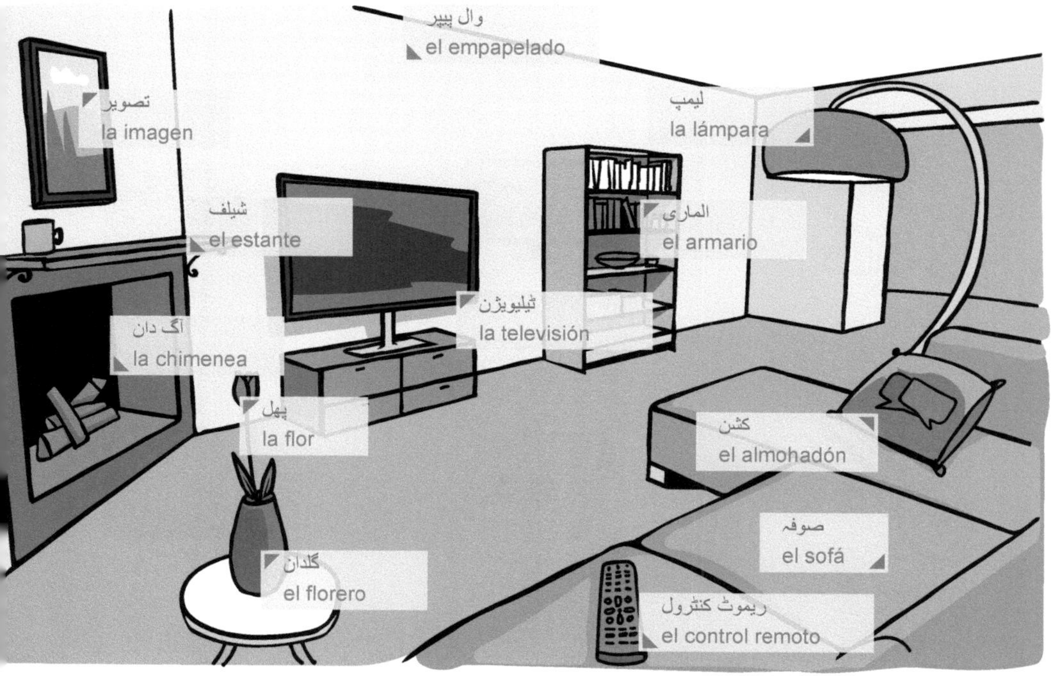
وال پیپر
el empapelado
تصویر
la imagen
لیمپ
la lámpara
شیلف
el estante
الماری
el armario
ٹیلیویژن
la televisión
آگ دان
la chimenea
پھل
la flor
کشن
el almohadón
صوفہ
el sofá
گلدان
el florero
ریموٹ کنٹرول
el control remoto

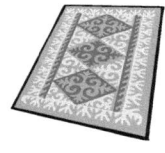

قالین
la alfombra

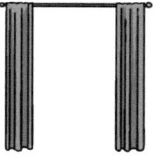

پردے
la cortina

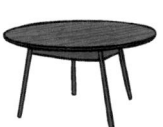

میز
la mesa

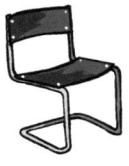

کرسی
la silla

راکنگ چئیر
la mecedora

آرم چئیر
el sillón

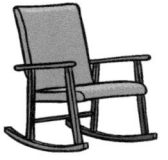

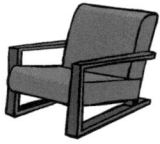

كتاب

el libro

كمبل

la frazada

ڈیکوریشن

la decoración

كولے

la leña

فلم

la película

ہائی فائی آلات

el equipo de música

چابی

la llave

اخبار

el diario

پینٹنگ

la pintura

پوسٹر

el póster

ریڈیو

la radio

نوٹ پیڈ

el cuaderno

بوور

la aspiradora

كيكٹس

el cactus

موم بتی

la vela

باورچہ خانہ
la cocina

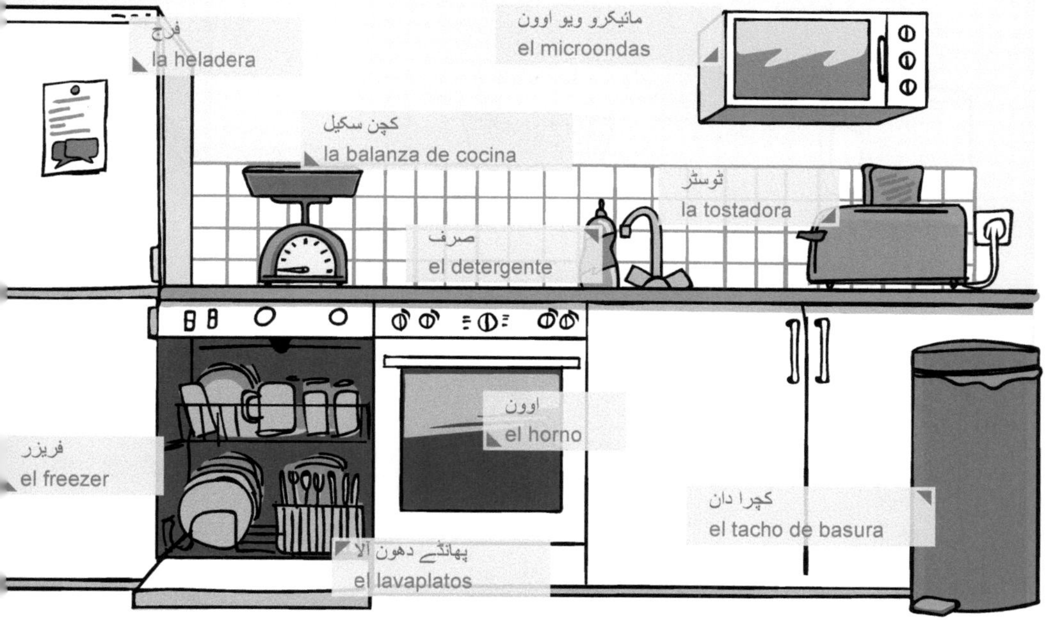

فرج
la heladera
مائیکرو ویو اوون
el microondas
کچن سکیل
la balanza de cocina
ٹوسٹر
la tostadora
صرف
el detergente
اوون
el horno
فریزر
el freezer
کچرا دان
el tacho de basura
پھانڈے دھون آلا
el lavaplatos

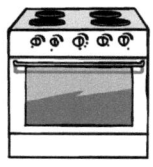

ککر

la cocina

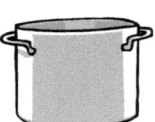

پاٹ

la olla

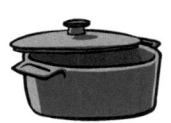

کاسٹ آئرن پاٹ

la olla de hierro fundido

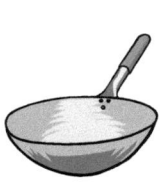

ووک / کدائی

el wok

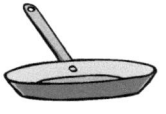

پین

la sartén

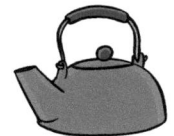

کیتلی

la pava

سٹیمر

la vaporera

بیکنگ ٹرے

la bandeja de horno

پھانڈے

la vajilla

مگا

la taza

پیالہ

el bol

چوپ سٹکس

los palitos

کرچھل

el cucharón

اسپالی

la espátula

پھینٹن آلا

la batidora

چھننا

el colador

چھننی

el colador

جھاواں

el rallador

کھان پکان آلا چمچہ

el mortero

باربی کیو

la parrilla

چولھا

la fogata

کٹنگ بورڈ

la tabla de picar

رولنگ پن

el palo de amasar

کارک سکرو

el sacacorchos

کین

la lata

کین کھلون آلا

el abrelatas

پاٹ پگڑن آلا

la manopla

سنک

la pileta

برش

el cepillo

سپنج

la esponja

بلینڈر

la batidora

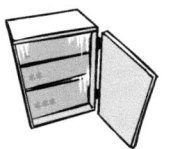

ڈیپ فریزر

el congelador

بچے نی بوتل

la mamadera

ٹوٹی

la canilla

el baño

باتھ‌گ
la calefacción

شاور
la ducha

تولیه
la toalla

شاور کرتن
la cortina de la ducha

ببل باتھ
el baño de espuma

نہان آلا تب
la bañadera

گلاس
el vaso

واشنگ مشین
el lavarropas

تائل
las baldosas

ٹوٹی
la canilla

پاخانہ
la pelela

سنک
la pileta

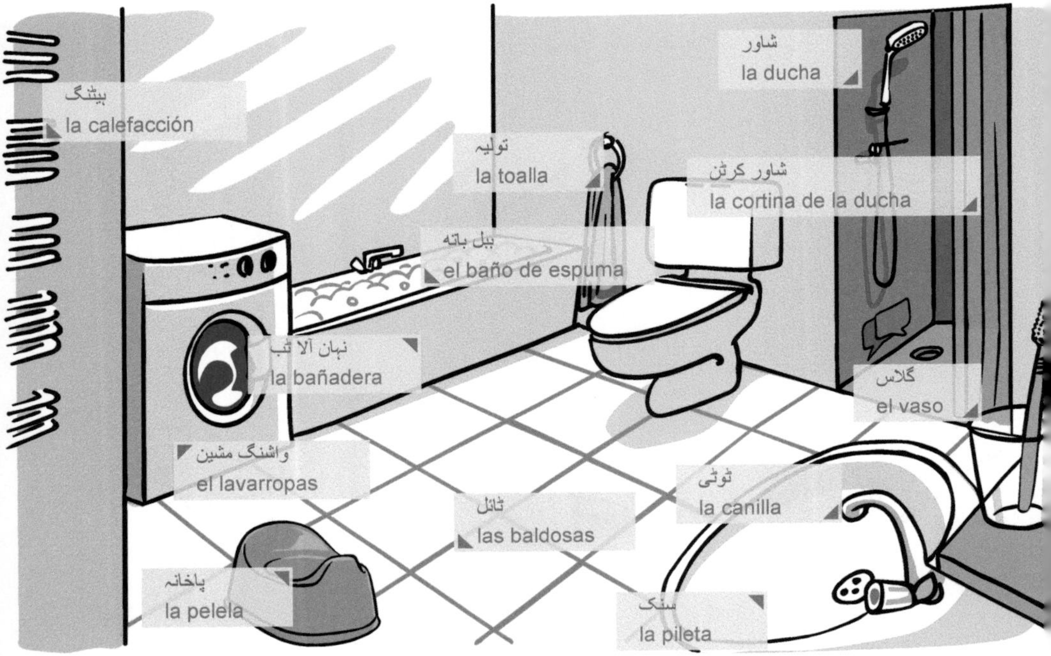

ٹوائلٹ
....
el inodoro

ٹوائلٹ
....
la letrina

بڈت
....
el bidé

پیشاب
....
el mingitorio

ٹوائلٹ پیپر
....
el papel higiénico

ٹوائلٹ برش
....
el cepillo para el inodoro

ٹوتھ برش

el cepillo de dientes

ٹوتھ پیسٹ

el dentífrico

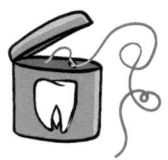

ڈینٹل فلاس

el hilo dental

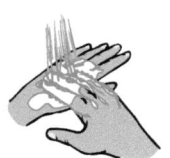

دھونا

lavar

بتھ وچ پھڑن آلا شاور

la ducha de mano

شاور

la ducha higiénica

بیسن

la palangana

بیک برش

el cepillo para la espalda

صابن

el jabón

شاور جیل

el gel de ducha

شیمپو

el shampoo

فلالین

la toallita

نالی

el desagüe

کریم

la crema

ڈیوڈرنٹ

el desodorante

آئینہ
el espejo

بتہ آلا شیشہ
el espejito

استرا
la maquinita de afeitar

شیونگ فوم
la espuma de afeitar

آفٹر سیو
el aftershave

کنگھا
el peine

برش
el cepillo

ہئیر ڈرائر
el secador de pelo

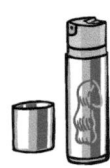

ہئیر سپرے
el spray

میک اپ
el maquillaje

لپ سٹک
el lápiz de labios

ناخن نی وارنش
el esmalte para uñas

کاٹن وول
el algodón

ناخن کتر
la tijera para uñas

پرفیوم
el perfume

باتھ روم - el baño

واش بيگ

el portacosméticos

پاخانہ

la banqueta

وزن دا پيمانہ

la balanza

باتھ نی الماری

la bata

ربر نے دستانہ

los guantes de goma

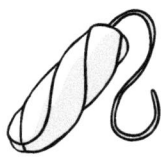

بفر

el tampón

تولیہ سٹینڈ

la toallita femenina

کیمیکل ٹوائلٹ

el baño químico

بچیاں نا کمرہ

el cuarto de los chicos

الارم کلاک
el despertador
کھڈونے
el peluche
کھڈونا گڈی
el coche de juguete
ہڑبھڑ
el sonajero
گڈی نا کھار
la casa de muñecas
تحفہ
el regalo

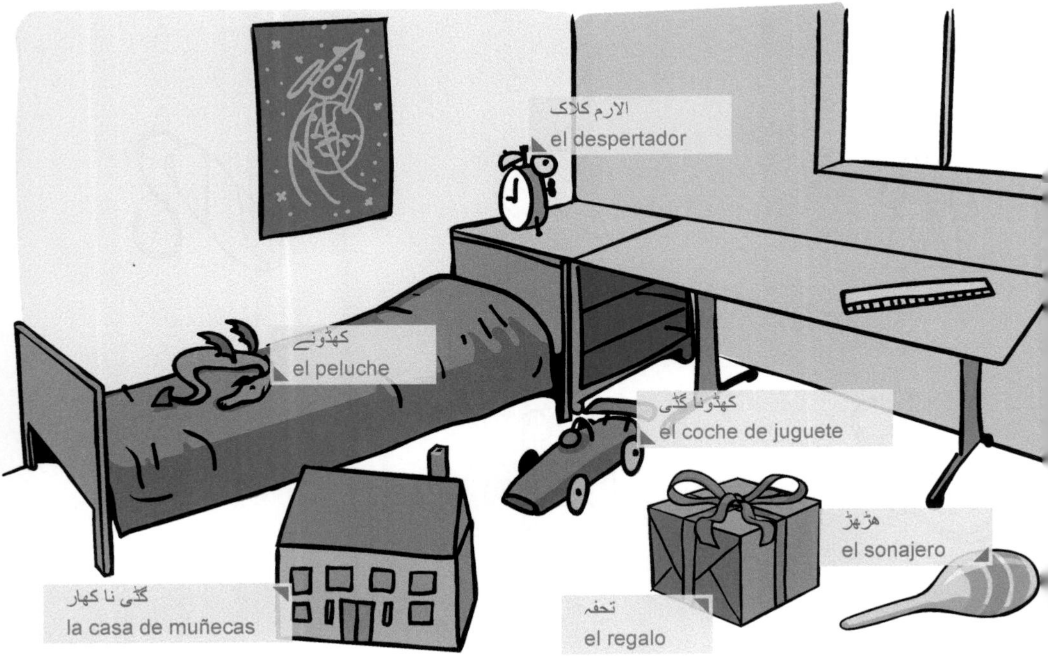

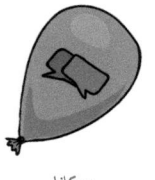

پھکانا

el globo

بیڈ

la cama

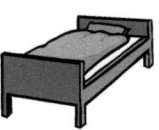

پرام

el cochecito

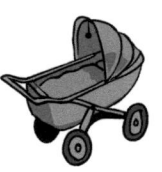

تاش نے پتے

las cartas

جگ سا

el rompecabezas

SUPER
MEGA

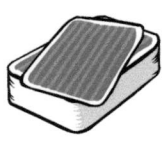

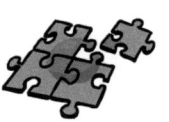

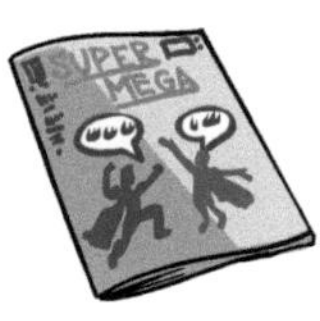

کامک

la historieta

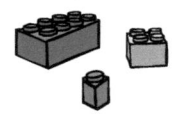

لیگو بركس

las piezas de lego

بلڈنگ بلاکس

los ladrillos de juguete

کھڈونا

la figura de acción

بے بی گرو

el enterito (de bebé)

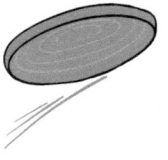

فرزوی

el frisbee

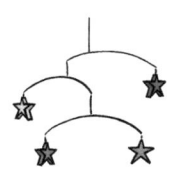

موبائل

el móvil para bebés

بورڈ گیم

el juego de mesa

ڈائس

los dados

ماڈل ٹرن سیٹ

el tren eléctrico

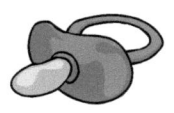

ڈمی

el chupete

پارٹی

la fiesta

تصویری کتاب

el libro de cuentos ilustrado

گیند

la pelota

گڑیا

la muñeca

کھیلنا

jugar

سینڈ پٹ

el arenero

جھولا

la hamaca

کھلونے

los juguetes

ویڈیو گیم کنسول

la consola de videojuegos

ٹرائی سائیکل

el triciclo

ٹیڈی بئیر

el osito de peluche

الماری

el armario

جرابان

las medias

جرابان

las medias panty

ٹائٹس

las calzas

سکارف
la bufanda

چھتری
el paraguas

ٹی شرٹ
la remera

بیلٹ
el cinturón

بوٹ
las botas

سلیپر
las pantuflas

جوگر
las zapatillas

سینڈل
las sandalias

جوتی
los zapatos

ربر نے جوتی
las botas de goma

انڈّر ونیر
la ropa interior

برا
el corpiño

بنیان
el chaleco

جسم

el body

پاجامہ

los pantalones

جینز

los jeans

سکرٹ

la pollera

برا

la blusa

قمیض

la camisa

سوئیٹر

el pulóver

ہوڈی

el buzo

کوٹ

el blazer

جیکٹ

la campera

کوٹ

el tapado

برساتی

el piloto

کاسٹیوم

el traje

کپڑے

el vestido

شادی کا جوڑا

el vestido de novia

سوٹ
....
el traje

راتے نے کپڑے
....
el camisón

پاجامہ
....
el pijama

ساڑھی
....
el sari

سکارف
....
el pañuelo para la cabeza

پگڑی
....
el turbante

برقعہ
....
la burka

کفتان
....
el caftán

برقعہ
....
la abaya

نہان والے کپڑے
....
el traje de baño

انڈرونیر
....
el short de baño

نیکر
....
los shorts

ٹریک سوٹ
....
el jogging

دھوتی
....
el delantal

دستانے
....
los guantes

بٹن

el botón

چشمہ

los anteojos

بریسلیٹ

la pulsera

بار

el collar

انگوٹھی

el anillo

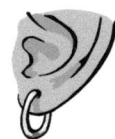

کنڈے

el aro

ٹوپی

la gorra

کوٹ ہینگر

la percha

ٹوپی

el sombrero

ٹائی

la corbata

زپ

el cierre

ہیلمٹ

el casco

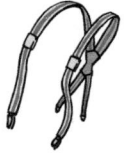

بریسیز

los tiradores

سکول نی وردی

el uniforme escolar

وردی

el uniforme

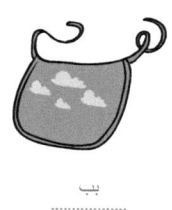

بب

el babero

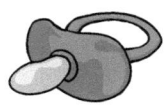

ڈمی

el chupete

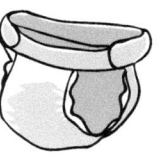

ناپی

el pañal

دفتر

la oficina

سرور
el servidor
فائلاں نے الماری
el archivero
پرنٹر
la impresora
کاغذ
el papel
مانیٹر
el monitor
میز
el escritorio
ماؤس
el mouse
فولڈر
la carpeta
کی بورڈ
el teclado
کچرے نا ڈبہ
el tacho (de basura)
کمپیوٹر
la computadora
کرسی
la silla

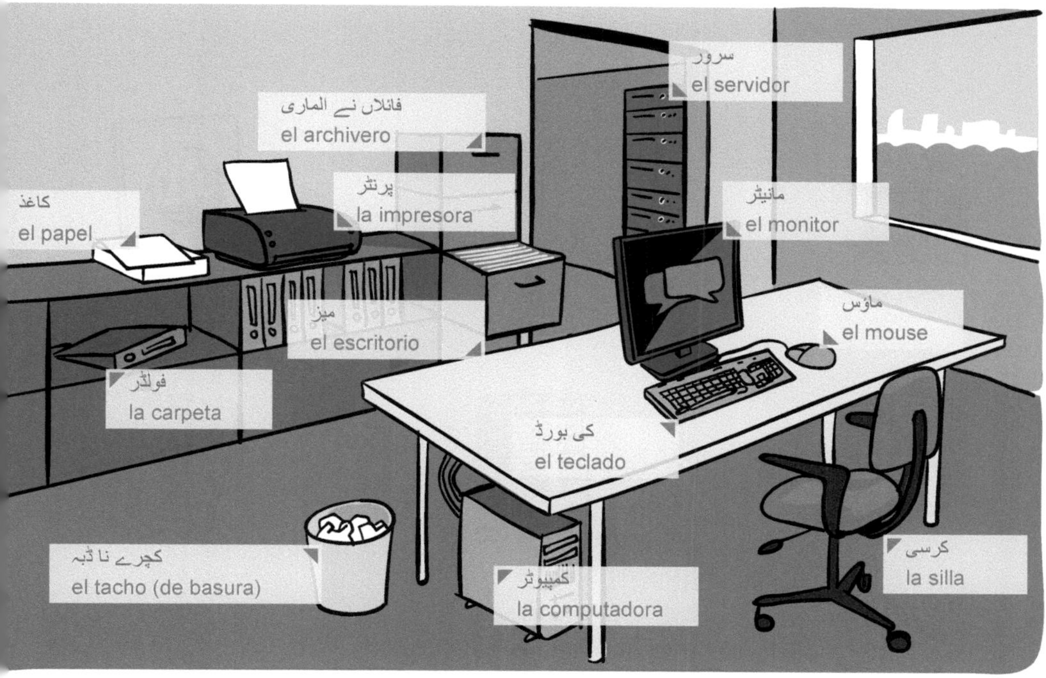

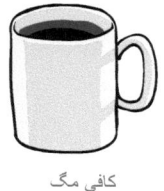

کافی مگ

la taza de café

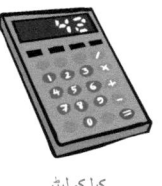

کیلکولیٹر

la calculadora

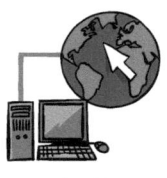

انٹرنیٹ

el internet

لیپ ٹاپ

la laptop

خط

la carta

پیغام

el mensaje

موبائل

el celular

نیٹ ورک

la red

فوٹو کاپیئر

la fotocopiadora

سافٹ وئیر

el software

ٹیلیفون

el teléfono

پلگ ساکٹ

el tomacorriente

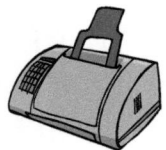

فکس مشین

el fax

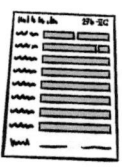

فارم

el formulario

دستاویزات

el documento

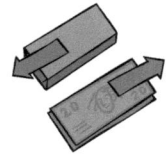

خريدنا

comprar

ادا كرنا

pagar

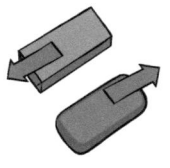

تجارت

hacer negocios

پيسہ

el dinero

ڈالر

el dólar

يورو

el euro

ين

el yen

ريل

el rublo

سويس فرانک

el franco suizo

رينمينبى يوان

el yuan

روپيہ

la rupia

كيش پوائنٹ

el cajero automático

ایکسچینج دفتر

la casa de cambio

سونا

el oro

چاندی

la plata

تیل

el petróleo

توانائی

la energía

قیمت

el precio

معاہدہ

el contrato

ٹیکس

el impuesto

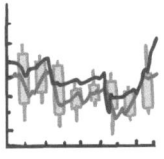

سٹاک

la acción

کم

trabajar

ملازم

el empleado

آجر

el empleador

فیکٹری

la fábrica

بٹی

el negocio

پیشہ

las ocupaciones

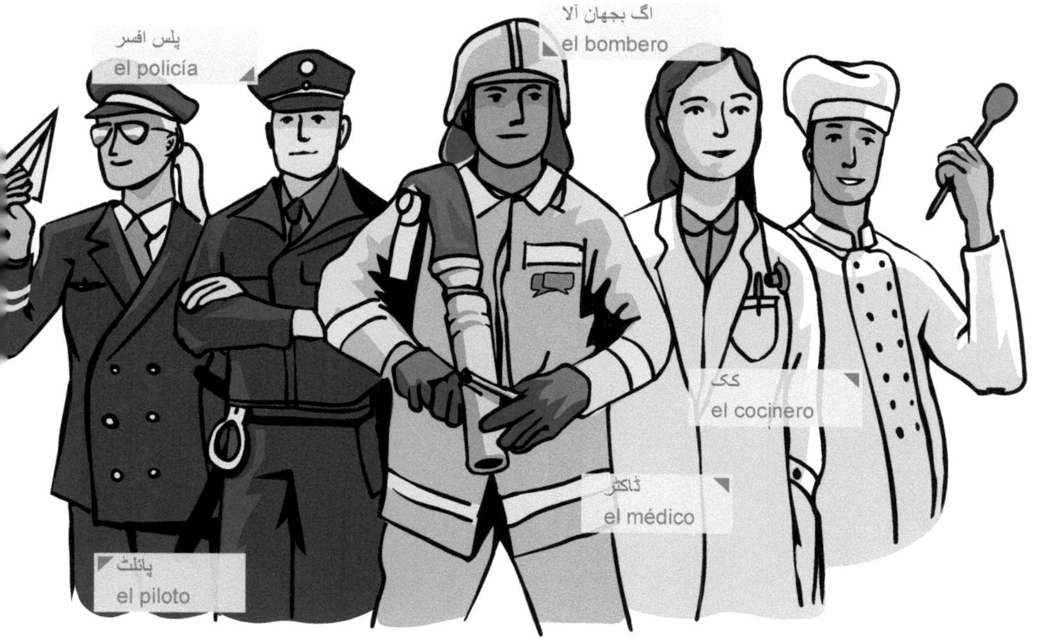

پلس افسر
el policía
اگ بجھان آلا
el bombero
کک
el cocinero
ڈاکٹر
el médico
پائلٹ
el piloto

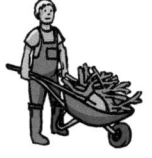

مالی

....

el jardinero

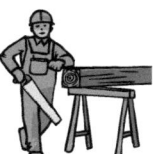

برھئی

....

el carpintero

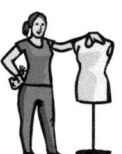

درزن

....

la modista

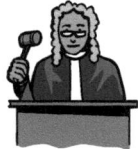

جج

....

el juez

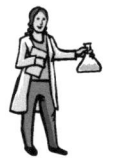

کیمسٹ

....

el farmacéutico

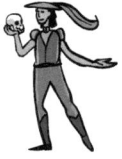

ایکٹر

....

el actor

بس ڈرائیور

el colectivero

ٹیکسی ڈرائیور

el taxista

مچھیرا

el pescador

صفائی آلی جنانی

la mucama

روفر

el techista

ویٹر

el mozo

شکاری

el cazador

پینٹر

el pintor

بیکری آلا

el panadero

الیکٹریشن

el electricista

تعمیرات آلا

el albañil

انجینیر

el ingeniero

قصائی

el carnicero

پلمبر

el plomero

پوسٹ مین

el cartero

سپاہی
....
el soldado

آرکیٹیکٹ
....
el arquitecto

کیشیئر
....
el cajero

پھلاں آلا
....
el florista

نائی
....
el peluquero

کنڈکٹر
....
el cobrador

مکینک
....
el mecánico

کپتان
....
el capitán

دندان ساز
....
el dentista

سائنس دان
....
el científico

ربّانی
....
el rabino

امام
....
el imán

راہب
....
el monje

انگریز
....
el sacerdote

las herramientas

بتھوڑا
el martillo

پلائر
la tenaza

سکریو ڈرائیور
el destornillador

سپینر
la llave

ٹارچ
la linterna

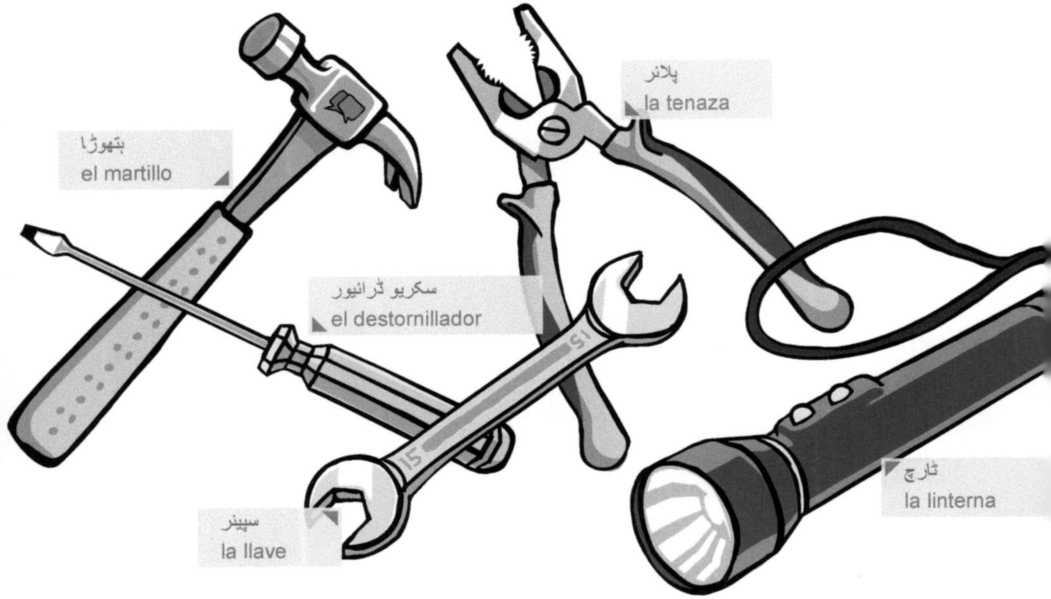

پھاوڑا
la excavadora

ٹول باکس
la caja de herramientas

سیڑھی
la escalera portátil

آری
la sierra

کیل
los clavos

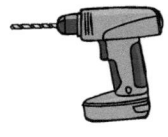

ڈرل
el taladro

مرمت

arreglar

شاول

la pala de jardín

لعنت!

¡Qué bronca!

ڈسٹ پین

la pala de plástico

پینٹ پاٹ

el tacho de pintura

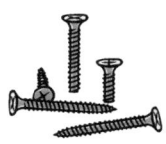

سکریوز

los tornillos

موسیقی نے آلات

los instrumentos musicales

لاؤڈ سپیکر
el parlante

ڈرم کٹ
la batería

گٹار
la guitarra

ڈبل بیس
el contrabajo

نرسنگے
la trompeta

پیانو

el piano

وائلن

el violín

بیس

el bajo

ٹمپانی

los timbales

ڈرمز

el tambor

کی بورڈ

el teclado

سیگزو فون

el saxofón

بانسری

la flauta

مائکروفون

el micrófono

موسیقی نے آلات - los instrumentos musicales

چڑیا کھار

el zoológico

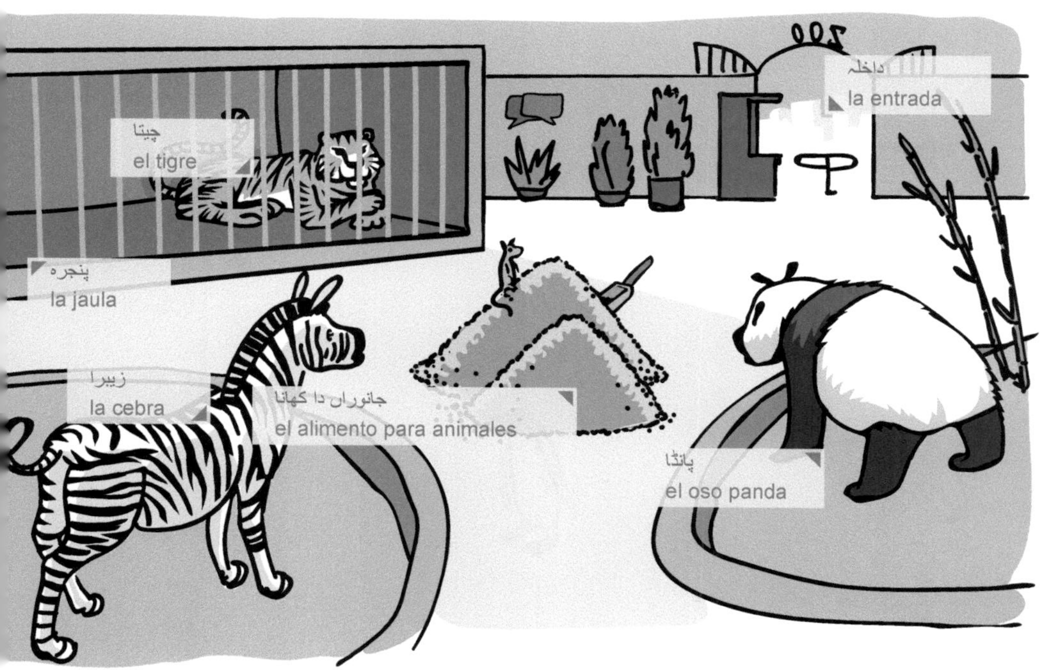
داخلہ
la entrada
چیتا
el tigre
پنجرہ
la jaula
زیبرا
la cebra
جانوراں دا کھانا
el alimento para animales
پانڈا
el oso panda

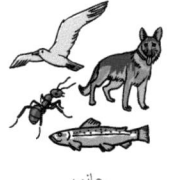

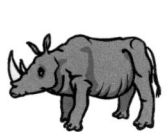

جانور

los animales

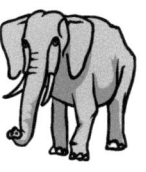

ہاتھی

el elefante

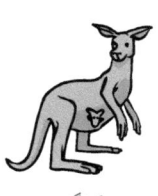

کینگرو

el canguro

گینڈا

el rinoceronte

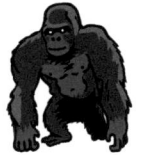

گوریلا

el gorila

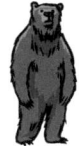

ریچھ

el oso

اونٹ

el camello

شترمرغ

el avestruz

شیر

el león

باندر

el mono

فلیمنگو

el flamenco

طوطا

el loro

برفانی ریچھ

el oso polar

پینگوئین

el pingüino

شارک

el tiburón

مور

el pavo real

سپ

la serpiente

مگرمچھ

el cocodrilo

چڑیا گھر دا رکھوالا

el cuidador del zoológico

سیل

la foca

جیگوار

el jaguar

پونی

el poni

لیپرڈ

el leopardo

بپو

el hipopótamo

زرافہ

la jirafa

چیل

el águila

نر سور

el jabalí

مچھی

el pescado

کیچھوا

la tortuga

والرس

la morsa

لومبڑ

el zorro

گیزل

la gacela

los deportes

امریکن فٹبال
el fútbol americano

سائکلنگ
el ciclismo

ٹینس
el tenis

باسکٹ بال
el básquet

سوئمنگ
la natación

آئس ہاکی
el hockey sobre hielo

باکسنگ
el boxeo

فٹبال
....
el fútbol

بیڈ منٹن
....
el bádminton

ایتھلیٹکس
....
el atletismo

ہینڈ بال
....
el handball

سکیئنگ
....
el esquí

پولو
....
el polo

las actividades

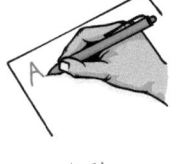

چھال مار
altar

بنسنا
reír

چھپی پانا
abrazar

گانا گانا
cantar

چلنا
caminar

خواب
soñar

دعا
rezar

بوسہ
besar

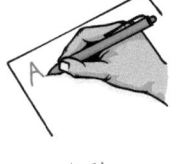

لکھنا
....
escribir

لیک لانا
....
dibujar

وکھانا
....
mostrar

دھکا
....
presionar

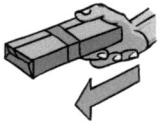

دینا
....
dar

لینا
....
tomar

بے وے

tener

کرنا

hacer

ہو

ser

کھلونا

estar parado

دوڑنا

correr

چیھکنا

tirar

سٹنا

tirar

ٹھینا

caer

جھوٹ

estar acostado

انتظار

esperar

چکنا

llevar

بیھنا

estar sentado

کپڑے پانا

vestirse

سونا

dormir

جاگنا

despertar

ویکھنا

mirar

رونا/چلانا

llorar

سٹروک

acariciar

کنگھا

peinar

گل کرنا

hablar

سمجھنا

entender

پوچھنا/دسنا

preguntar

سننا

escuchar

پینا

beber

کھانا

comer

تیار ہونا

ordenar

محبت

amar

پکانا

cocinar

گڈی چلانا

manejar

اڈنا

volar

سمندری سفر

navegar

کیلکولیٹ

calcular

پڑھنا

leer

سیکھنا

aprender

کم

trabajar

شادی

casarse

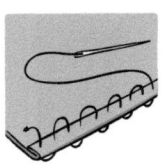

سیونا

coser

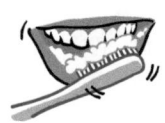

دند صاف

cepillarse los dientes

قتل

matar

دھواں

fumar

بھیجنا

enviar

کنبہ
la familia

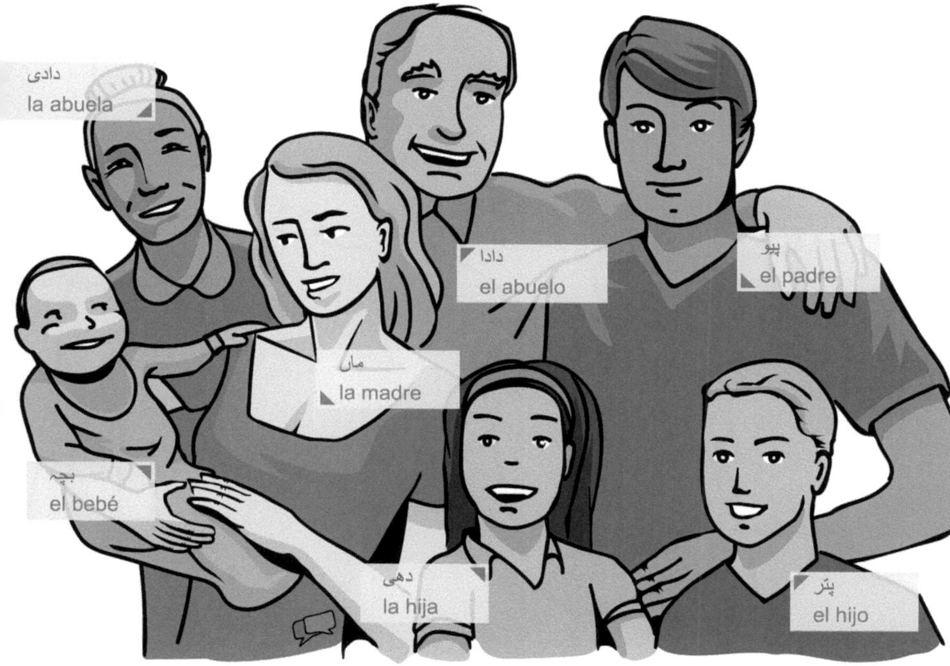

دادی
la abuela
دادا
el abuelo
پیو
el padre
ماں
la madre
بچہ
el bebé
دھی
la hija
پتر
el hijo

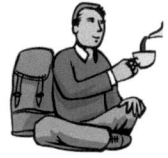

مہمان

el invitado

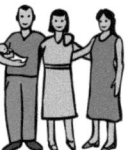

ماسی / پھو

la tía

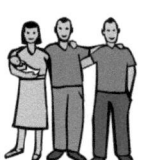

چاچا/ماما

el tío

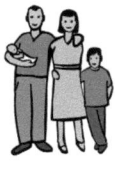

بھرا

el hermano

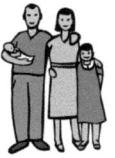

بہن

la hermana

جسم

el cuerpo

متھا
la frente
اکھ
el ojo
منڈھے
el hombro
انگلی
el dedo
منہ
la cara
ٹھوڑی
la pera
ہتھ
la mano
چھاتی
el pecho
لت
la pierna
بانہ
el brazo

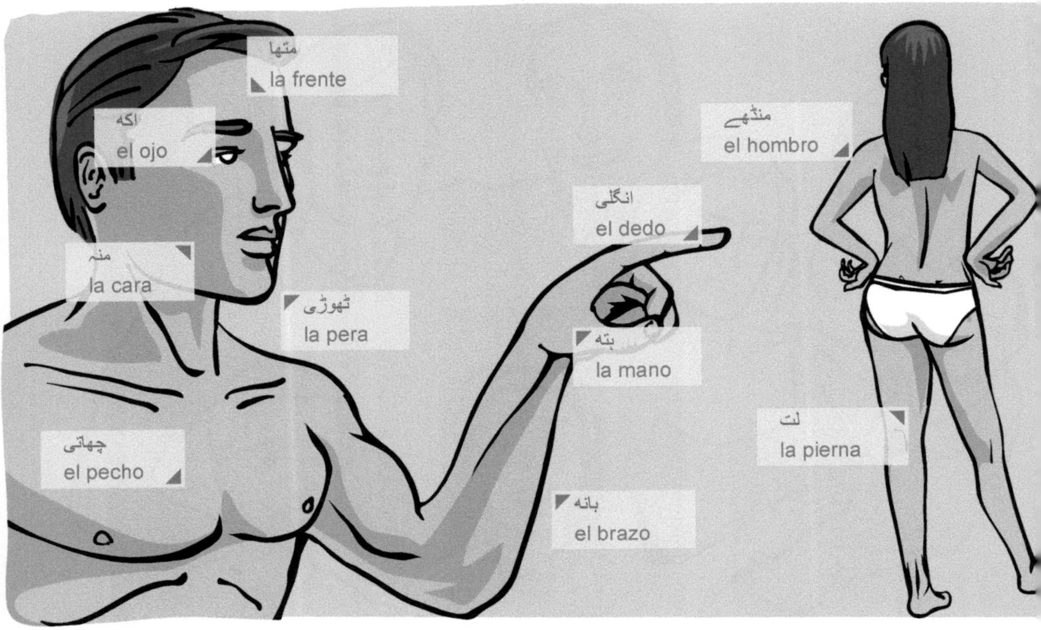

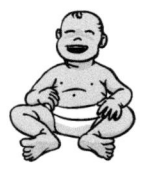

بچہ

el bebé

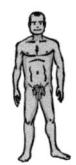

بندہ

el hombre

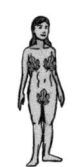

جنانی

la mujer

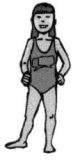

کڑی

la nena

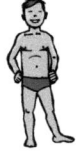

مڑا

el nene

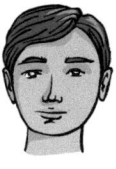

سر

la cabeza

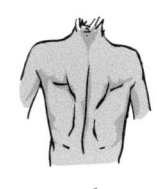

کمر

la espalda

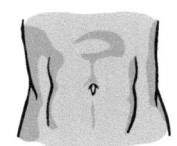

ٹھڈ

la panza

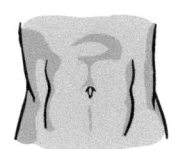

تھنی

el ombligo

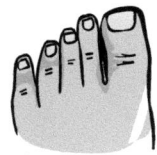

پنجہ

el dedo del pie

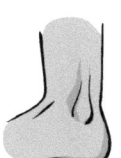

اڈی

el talón

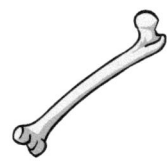

بڈھہ

el hueso

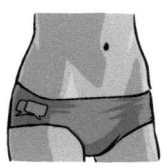

کولہے

la cadera

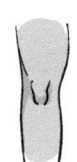

گوڈے

la rodilla

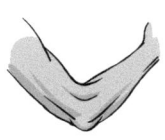

کہنی

el codo

نک

la nariz

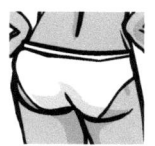

زیر جامہ

la cola

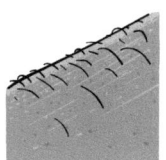

کھل

la piel

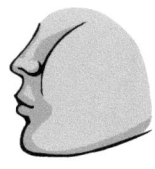

گلاں

el cachete

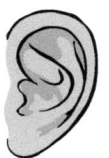

کن

la oreja

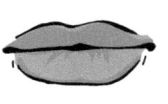

بل

el labio

منہ

la boca

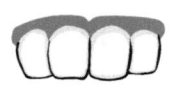

دند

el diente

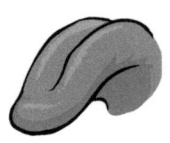

زبان

la lengua

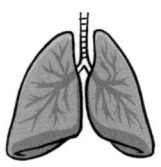

دماغ

el cerebro

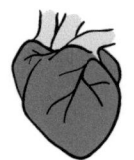

دل

el corazón

پٹھے

el músculo

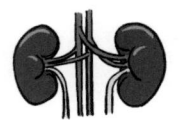

پھیپڑے

el pulmón

جگر

el hígado

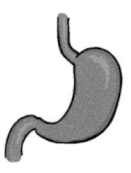

تہڈ

el estómago

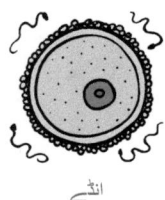

گردے

los riñones

جنس

el sexo

کنڈم

el preservativo

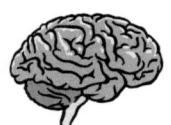

انڈے

el óvulo

منی

el semen

حمل

el embarazo

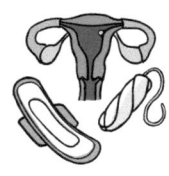

حيض
....
la menstruación

اندام نهانی
....
la vagina

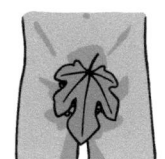

عضو تناسل
....
el pene

بهوں
....
la ceja

بال
....
el pelo

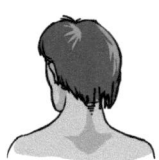

گردن
....
el cuello

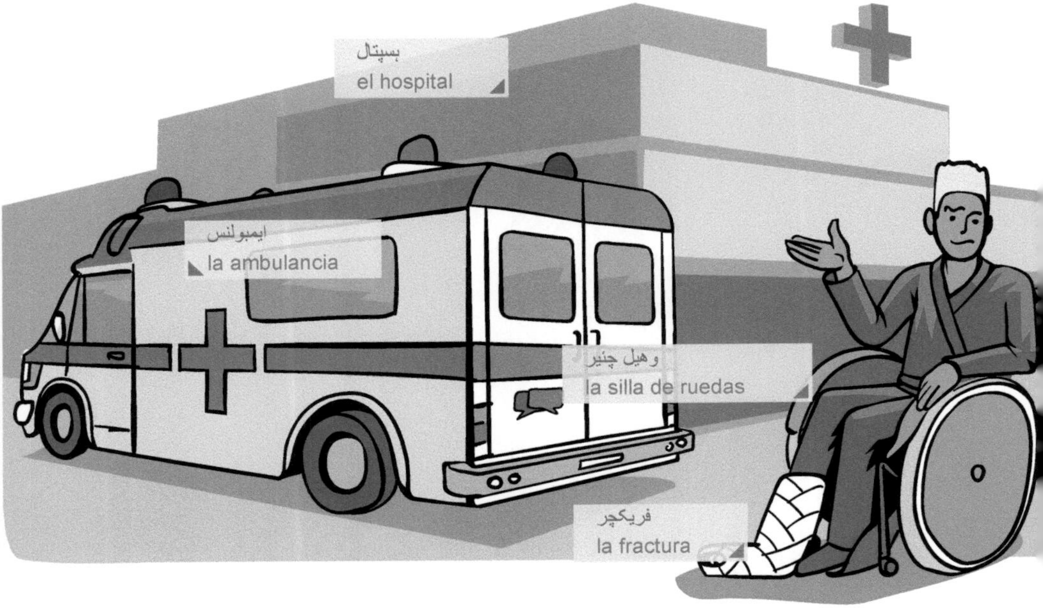

هسپتال
el hospital

ایمبولنس
la ambulancia

وھیل چیئر
la silla de ruedas

فریکچر
la fractura

ڈاکٹر
....
el médico

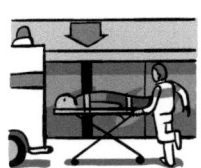

ہنگامی کمرہ
....
la sala de guardia

نرس
....
la enfermera

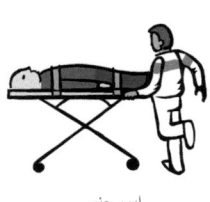

ایمرجنسی
....
la emergencia

بے ہوش
....
inconsciente

درد
....
el dolor

ٹس

la lesión

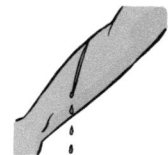

خون نکلنا

la hemorragia

دل نا دورہ

el infarto

فالج

el ACV

الرجی

la alergia

کھنگ

la tos

تپ

la fiebre

نزلہ

la gripe

اسہال

la diarrea

سر درد

el dolor de cabeza

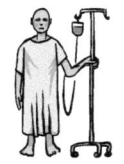

کینسر

el cáncer

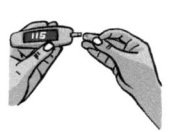

شوگر(ذیابطس)

la diabetes

سرجن

el cirujano

سکیلیپل

el bisturí

آپریشن

la operación

سی ٹی

la TC

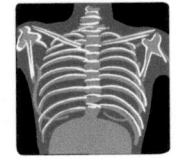

ایکسرے

los rayos x

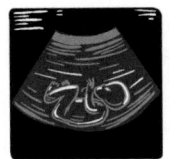

الٹرا ساؤنڈ

la ecografía

چہرہ نا ماسک

el barbijo

بماری

la enfermedad

انتظار گاہ

la sala de espera

بیساکھی

la muleta

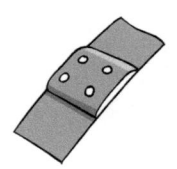

پلستر

la curita

پٹی

la venda

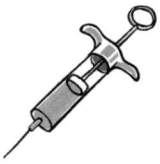

ٹیکہ

la inyección

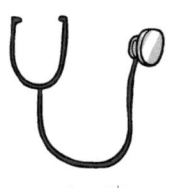

سٹیتھوسکوپ

el estetoscopio

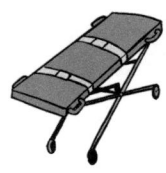

اسٹریچر

la camilla

کلینکل تھرمومیٹر

el termómetro

پیدائش

el nacimiento

زائدالوزن

el sobrepeso

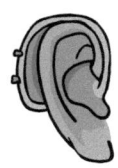

سنن لئی آلہ
el audífono

جراثیمم کش
el desinfectante

متعدی مرض
la infección

وائرس
el virus

HIV/AIDS
el VIH / SIDA

دوائی
el remedio

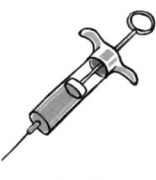

ویکسینیشن
la vacunación

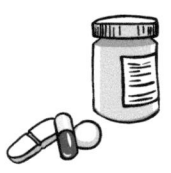

گولیاں
los comprimidos

گولی
la pastilla anticonceptiva

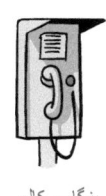

بنگامی کال
llamada de emergencia

بلڈ پریشر مانیٹر
el tensiómetro

بیمار / صحتمند
enfermo / sano

مدد!

¡Ayuda!

الارم

la alarma

حملہ

la agresión

حملہ

el ataque

خطرہ

el peligro

ہنگامی اخراج

la salida de emergencia

اگ!

¡Fuego!

اگ بجاهن والا آلہ

el matafuego

حادثہ

el accidente

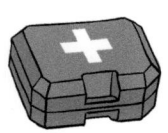

فرسٹ ایڈ کٹ

el botiquín de primeros
auxilios

SOS

el SOS

پلس

la policía

یورپ

Europa

شمالی امریکہ

América del Norte

جنوبی امریکہ

América del Sur

افریقہ

África

ایشیاء

Asia

آسٹریلیا

Australia

اٹلانٹک

el Atlántico

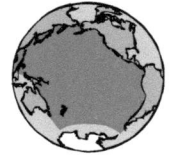

پیسیفک

el Pacífico

بحیرہ ہند

el Océano Índico

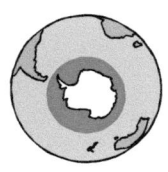

بھیرہ انٹارکٹک

el Océano Antártico

بھیرہ أركٹیک

el Océano Ártico

قطب شمالی

el polo norte

قطب جنوبی
....
el polo sur

انٹارکٹیکا
....
la Antártida

زمین
....
la Tierra

خشکی
....
la tierra

سمندر
....
el mar

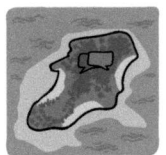

جزیرہ
....
la isla

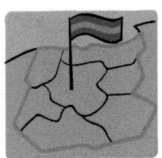

قوم
....
la nación

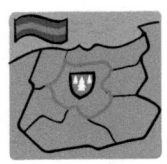

ریاست
....
el estado

کلاک فیس

la esfera

نکی سوئی

la manecilla de las horas

وڈی سوئی

el minutero

سیکنڈ پینڈ

el segundero

کی ٹائم ہویا اے؟

¿Qué hora es?

دن

el día

وقت

la hora

ہون

ahora

ڈیجیٹل گھڑی

el reloj digital

منٹ

el minuto

گھنٹہ

la hora

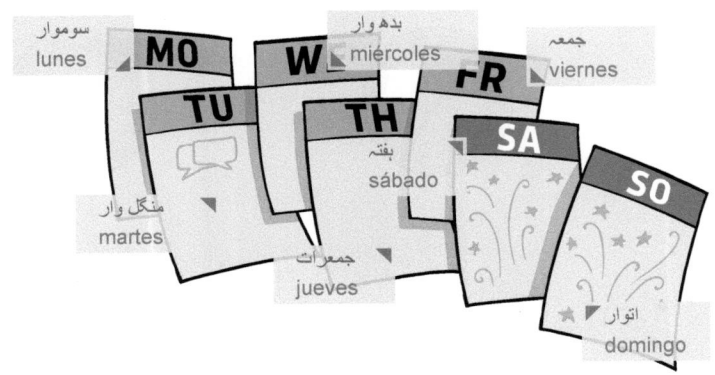

سوموار
lunes

بدھوار
miércoles

جمعہ
viernes

MO

W

FR

TU

TH

SA

SO

ہفتہ
sábado

منگل وار
martes

جمعرات
jueves

اتوار
domingo

کل
ayer

آج
hoy

کل
mañana

سویر
la mañana

دوپہر
el mediodía

شام
la tarde

MO	TU	WE	TH	FR	SA	SU
1	2	3	4	5	6	7
8	9	10	11	12	13	14
15	16	17	18	19	20	21
22	23	24	25	26	27	28
29	30	31	1	2	3	4

کاروباری دن
los días hábiles

MO	TU	WE	TH	FR	SA	SU
1	2	3	4	5	6	7
8	9	10	11	12	13	14
15	16	17	18	19	20	21
22	23	24	25	26	27	28
29	30	31	1	2	3	4

ویک اینڈ
el fin de semana

سال

el año

بارش
la lluvia
رین بو
el arco iris
برف
la nieve
ہوا
el viento
بہار
la primavera
خزاں
el otoño
گرمی
el verano
سردی
el invierno

4.APRIL 11°
5.APRIL 4°
6.APRIL 13°
7.APRIL 8°
8.APRIL 10°

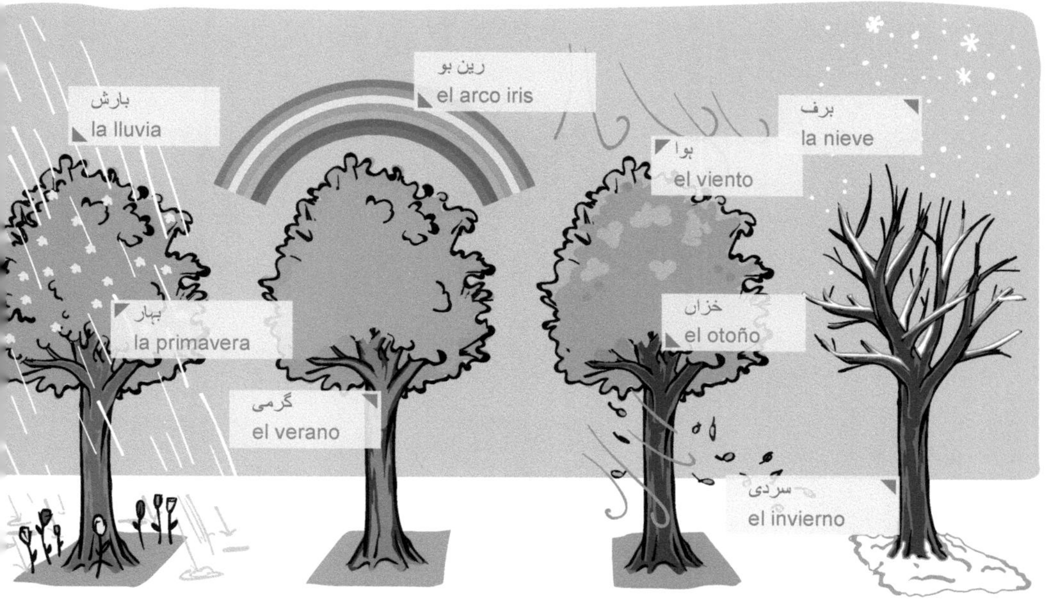

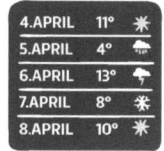

موسمی پیشگوئی

pronóstico meteorológico

F
C

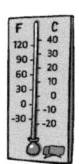

تھرمامیٹر

el termómetro

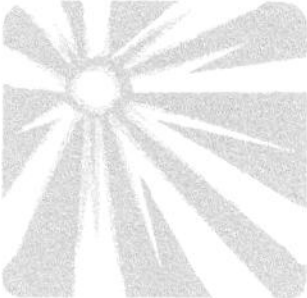

سورج نے چمک

la luz del sol

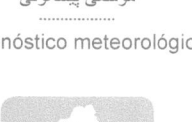

بدل

la nube

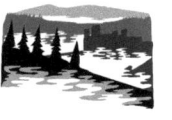

دھند

la niebla

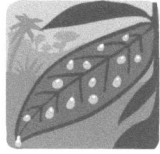

نمی

la humedad

بجلی کڑکنا

el rayo

گرج

el trueno

نھیری

la tormenta

اولے

el granizo

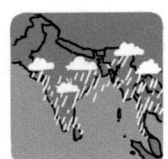

ساون

el monzón

سیلاب

la inundación

برف

el hielo

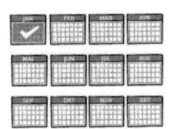

جنوری

enero

فروری

febrero

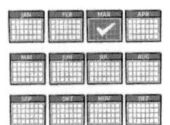

مارچ

marzo

اپریل

abril

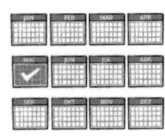

مئی

mayo

جون

junio

جولائی

julio

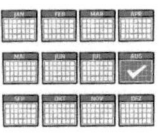

اگست

agosto

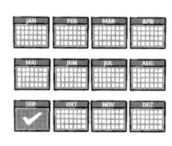

ستمبر
....
septiembre

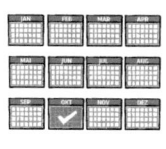

اكتوبر
....
octubre

نومبر
....
noviembre

دسمبر
....
diciembre

las formas

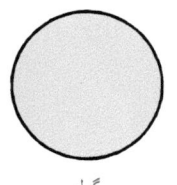

گول
....
el círculo

چوکور
....
el cuadrado

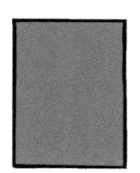

مستطیل
....
el rectángulo

مثلث
....
el triángulo

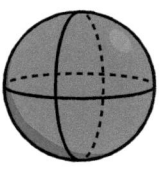

دائرہ نما
....
la esfera

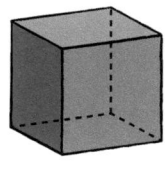

مکعب
....
el cubo

چٹا
....
blanco

پیلا
....
amarillo

نارنجی
....
naranja

گلابی
....
rosa

رتا
....
rojo

جامنی
....
violeta

نیلا
....
azul

ہرا
....
verde

کتھئی
....
marrón

سرمئی
....
gris

کالا
....
negro

los opuestos

زیاده / گهٹ

mucho / poco

ناراض / پرسکون

enojado / tranquilo

خوبصورت / بدصورت

lindo / feo

ابتداء / اختتام

el principio / el fin

اکنا / وٹا

grande / chico

روشن / نهيرا

claro / oscuro

بهرا / بہن

l hermano / la hermana

صاف / گندا

limpio / sucio

مکمل / نا مکمل

completo / incompleto

دن / رات

el día / la noche

مرده / انده

muerto / vivo

چوڑا / تنگ

ancho / angosto

خوردنی / ناقابل خوردنی

comestible / no comestible

پهيڑا / چنگا

malo / amable

خوش / ناخوش

entusiasmado / aburrido

موٹا / پتلا

gordo / flaco

پہلا / آخری

primero / último

دوست / دشمن

el amigo / el enemigo

بھریا / خالی

lleno / vacío

سخت / نرم

duro / blando

بھاری / ہلکا

pesado / liviano

بھوک / پیاس

el hambre / la sed

بیمار / صحتمند

enfermo / sano

قانونی / غیر قانونی

ilegal / legal

ذہین / بیوقوف

inteligente / estúpido

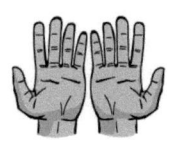

کہبا / سجا

izquierda / derecha

کولے / دور

cerca / lejos

نواں / پرانا

nuevo / usado

کجہ نئیں / سب کجہ

nada / algo

بڈھا / جوان

viejo / joven

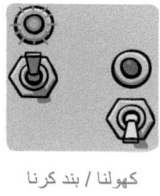

کھولنا / بند کرنا

encendido / apagado

کھولنا / بند کرنا

abierto / cerrado

خاموشی / شور

silencioso / ruidoso

امیر / غریب

rico / pobre

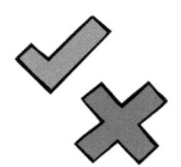

درست / غلط

correcto / incorrecto

کھردرا / ہموار

áspero / suave

افسردہ / خوش

triste / contento

نکا / لما

corto / largo

آہستہ / تیز

lento / rápido

گیلا / خشک

mojado / seco

گرم / ٹھنڈا

caliente / frío

جنگ / امن

guerra / paz

اعداد

los números

0	**1**	**2**
صفر cero	اک uno	دو dos
3	**4**	**5**
تن tres	چار cuatro	پنج cinco
6	**7**	**8**
چھ seis	سٹ siete	اٹھ ocho
9	**10**	**11**
نو nueve	دس diez	یاراں once

12
باران
doce

13
تیران
trece

14
چودا
catorce

15
پندره
quince

16
سوله
dieciséis

17
ستاراں
diecisiete

18
اٹھاراں
dieciocho

19
انیہ
diecinueve

20
وی
veinte

100
سو
cien

1.000
ہزار
mil

1.000.000
ملین
el millón

انگریزی

el inglés

امریکی انگریزی

el inglés americano

چینی مینڈیرین

el chino mandarín

ہندی

el hindi

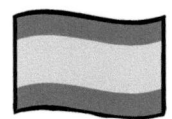

سپینش

el español

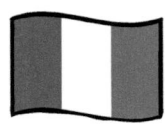

فرینچ

el francés

عربی

el árabe

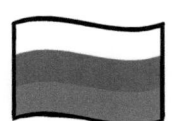

رشئین

el ruso

پرتگالی

el portugués

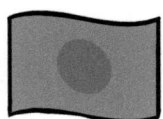

بنگالی

el bengalí

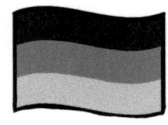

جرمن

el alemán

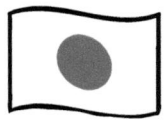

جاپانی

el japonés

میں
....
yo

توں
....
vos

وہ/اوہ/ایہہ
....
él / ella

اسیں
....
nosotros

توں
....
ustedes

او
....
ellos

کون؟
....
¿quién?

کی؟
....
¿qué?

کیویں؟
....
¿cómo?

کتھے؟
....
¿dónde?

کدوں؟
....
¿cuándo?

نال
....
el nombre

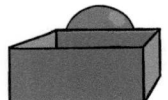

پچھے

detrás

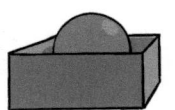

وچ

en

نے سامنے

adelante de

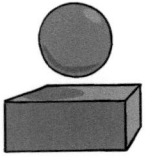

تے

por encima de

تے

sobre

بیٹھ

debajo de

سوا

al lado de

مابین

entre

جگہ

el lugar